d

IM WAHLKAMPF
MIT
LORIOT

DIOGENES

Herausgegeben von Susanne von Bülow, Peter Geyer
Buchgestaltung: Our Art Is Ltd.
Katharina Seebacher
Alle Rechte vorbehalten
Copyright © 2021
Diogenes Verlag AG Zürich
www.diogenes.ch
20/21/852/2
ISBN 978 3 257 02179 0

GÜNSTIGE AUGENBLICKE,
UM WÄHLER ZU GEWINNEN

In vielen Kulturstaaten der Erde ist es auch heute üblich, die Wahl eines Kandidaten dem Zufall zu überlassen. Nach Abwicklung einer umfangreichen Propaganda legt man die letzte Entscheidung in die Hände einer ahnungslosen Wählerschaft, die nun gezwungen ist, nach eigenem Gutdünken zu verfahren.

Um dieser ebenso unmännlichen wie gefährlichen Entwicklung entgegenzuwirken, zeigen wir im Folgenden an acht Grundbeispielen ein Verfahren, das im Prinzip zwar nicht neu ist, dem aber in diesem Zusammenhang noch zu wenig Bedeutung beigemessen wird. Es ist die einzige absolut sichere Methode, die erforderliche Stimmenmehrheit auf legalem Wege zu erreichen. Zwangslagen regen die Entscheidungsfreudigkeit an.

BEISPIEL 1

Lassen Sie Herren oder Damen, die infolge
eines Missgeschickes im Wasser treiben, eine
vorbereitete eidesstattliche Erklärung zur
Unterschrift überreichen, wodurch diese
sich verpflichten, Sie zu wählen. Dokument
vor Feuchtigkeit schützen. Am lohnendsten
sind Schiffskatastrophen größeren Ausmaßes.
Ob es sich nur um Badende handelt, sieht
man am Gesichtsausdruck. Für Rettung des
Schiffbrüchigen sorgen, da Stimme sonst
ungültig!

BEISPIEL 2

Übergabe des Schriftstückes bei Feuersbrünsten. Hier empfiehlt es sich, Hand in Hand mit der örtlichen Feuerwehr zu arbeiten, die mit dem Beginn der Löscharbeiten etwas wartet, falls sich das Eintreffen des Werbers verzögern sollte.

BEISPIEL 3

In vielen Fällen von Bergnot sind schöne Erfolge zu erzielen. Es gilt jedoch, darauf zu achten, ob der Wähler eine Hand zum Unterschreiben frei hat. Wo nicht, ist eine Verbindungsaufnahme zwecklos.

BEISPIEL 4

Wer als Patient eine korrekte Beendigung
der Operation anstrebt, wird Ihnen die
Unterschrift nicht versagen. Hier ist jedoch
die Mitarbeit gleichgesinnter Ärzte
unerlässlich.

BEISPIEL 5

Eine erhöhte Bedeutung genießen Ober
während der Wahlen. Viele besonders eilige
Gäste sind bereit, die normale Wartezeit
durch eine Unterschrift auf etwa 20 Minuten
abzukürzen. Suchen Sie Ihre Freunde im
gastronomischen Gewerbe.

BEISPIEL 6

Als unerwartet nützlich kann sich die Polizei im Wahlkampf erweisen. Gern wird sie kleine Verkehrssünden übersehen wie Trunkenheit am Steuer, Fahrerflucht oder dergleichen, wenn der Betreffende durch Unterschreiben des Dokumentes seinen guten Willen zum Ausdruck bringt, an der Wahl einer demokratischen Regierung mitzuwirken.

BEISPIEL 7

Sichern Sie sich rechtzeitig die Mitarbeit der untergeordneten sozialen Kreise. Gerade das nationale Verbrechertum hat Möglichkeiten, die dem Gebildeten verschlossen sind.

Angemessene Entschädigung in finanzieller Hinsicht sollte eine Selbstverständlichkeit sein.

BEISPIEL 8

Die wirkungsvollste Methode ist die kostspieligste, da auf jede derart geworbene Stimme ein Werber entfällt. Sie ist nur in der Endphase des Wahlkampfes denkbar. Dem siegreichen Kandidaten wünschen wir eine frohe Amtszeit, getragen von der Liebe seiner Wählerschaft.

FEHLER, DIE MAN VERMEIDEN SOLLTE

Die Tatsache, dass zum Gewinnen einer Wahl ein besonderes Maß von Intelligenz, Begabung und Weitblick gehört, veranlasst uns, den noch nicht eingeweihten Kandidaten vor groben Fehlern zu warnen, die nachweislich schon oft zu beklagenswerten Misserfolgen geführt haben.

Die folgende Zusammenstellung verdanken wir nicht zuletzt der freundlichen Mitarbeit des Institutes für Demoskopie und Menschenwürde.

Immer wieder stößt man auf Parteifunktionäre, die namhafte Geldbeträge interessierter Kreise unter moralischen Ausflüchten zurückweisen. →

Dieses ebenso rührende wie weltfremde Verhalten raubt Ihnen die Gunst bedürftiger Wähler!

Die Absicht, selbst unter Einsatz des Lebens auch träge
Bevölkerungsteile aufzurütteln, ... →

… ist trotz guten Willens zum Scheitern verurteilt, wenn Sie
eine verkehrte Ansicht haben.

Das Tätowieren von Wahlparolen gehört zu den
Propagandamethoden, die durch ihre Eigenwilligkeit
Beachtung heischen. →

Bedenken Sie jedoch, dass durch Wahlkolonnen, die hierbei Gedankenlosigkeit oder übertriebenes Schamgefühl an den Tag legen, nur intimste Bereiche erfasst werden.

Die häufig zu beobachtende Vergeudung von Propaganda-schriften lässt auf einen eklatanten Mangel an Fingerspitzen-gefühl schließen. Die obige Darstellung veranschaulicht hingegen die auf statistischer Basis fußende Erkenntnis, die ein Flugblatt pro Einwohner auf den Quadratkilometer vorschreibt. $\longrightarrow$

Auch in dicht besiedelten Gebieten entfallen auf den Kopf der
Bevölkerung relativ nicht mehr Flugblätter als in Wüsteneien.
Jedoch ist hier die Gefahr größer, sich durch technische Fehler
die Gunst der Wählerschaft zu verscherzen.

Selbst handgemalten Wahlparolen bleibt die gewünschte
Wirkung versagt, wenn sie zwar fleißig, … →

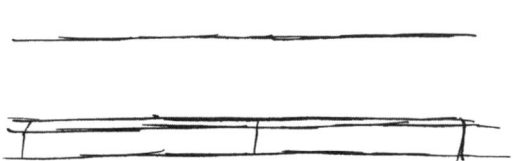

… doch ohne die nötige Intelligenz angebracht werden.

Demonstranten verfallen häufig dem irrtümlichen Glauben,
ernst genommen zu werden. →

Unbrauchbares Werbematerial vervollständigt den Eindruck
tragischer Isolierung.

Es hat zweifellos Vorteile, während der Wahlschlacht dem Gegner auf den Fersen zu bleiben – nur sollte man sich von dem veralteten Grundsatz frei machen, …   →

… dass Lächerlichkeit töte. Die politischen Ereignisse der Nachkriegszeit beweisen das Gegenteil.

WEGWEISER ZUM WAHLSIEG

Sowohl Beschimpfungen als auch Verleumdungen sind Dinge, die sich aus dem modernen Wahlkampf nur ungern wegdenken lassen, jedoch vermeide man Anschauungsmaterial. Es wirkt immer leicht belehrend und daher oft abstoßend auf sonst gutwillige Zuhörer.

Vorsicht beim Lügen auf Wahlplakaten! Deutsche Ketten, Qualitäts- und Exporterzeugnis, zerreißen nicht. Auch ist es bisher immer misslungen, die deutschen Unternehmer von den quälenden Ketten weitverzweigter Interessen zu befreien.

Da Wahlplakate bekanntlich nur spaßeshalber gelesen werden, empfiehlt sich hier eine Gemeinschaftswerbung, die nicht nur ...   →

… die Kosten stark verringert, sondern darüber hinaus unfairen Wahlparolen weitgehend die Spitze nimmt.

Höflichkeit und Hilfsbereitschaft haben stets den Sieg davon-
getragen. Geschulte Parteifunktionäre sollten darum nicht nur
Alten und Gebrechlichen unter die Arme greifen, wenn es gilt,
den Wahlakt zu einem eindeutigen Erfolg zu gestalten. →

Wenn dennoch in Einzelfällen von Seiten der Wähler grobe Fehlentscheidungen unterlaufen, werden kleine pädagogische Kunstgriffe nicht ohne Eindruck auf die noch Unentschlossenen bleiben.

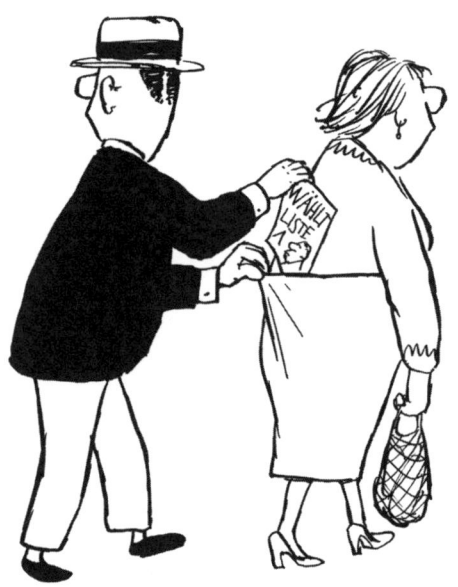

Immer noch sträuben sich einzelne Parteien, mit erfahrenen Verbrechern Hand in Hand zusammenzuarbeiten. Taschendiebe bewähren sich glänzend bei der intimen Verteilung von Kampfschriften. →

Die Frage des Entgelts wird dabei durch das System der beliebigen Selbstentnahme angenehm gelöst.

Die Mitarbeit seriöser Falschmünzerkreise ermöglicht eine
preiswerte Herstellung hochwertigen Papiergelds mit dem
Kopf des erwünschten Kanzlers. Kein vaterländisch
gesinnter Wähler wird durch bewusste Opposition die
Währung in Gefahr bringen wollen.

Durchschlagende Wahlerfolge lassen sich in der Maske
populärer Filmdarsteller erzielen. →

Man sei jedoch in der Wahl des Stars äußerst vorsichtig,
um Rückschläge zu vermeiden.

A

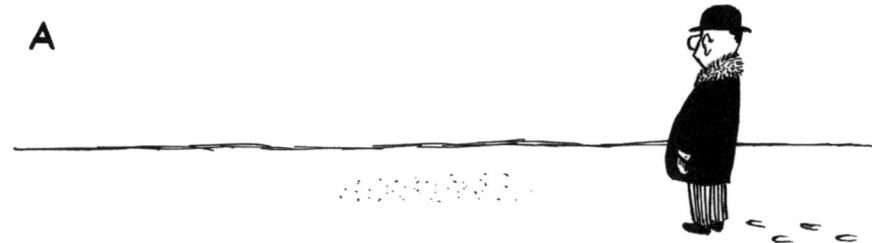

Kandidaten geringerer Qualität haben in sehr kalten (A) ... $\rightarrow$

… oder sehr heißen Landstrichen (B) große Erfolgsaussichten, da sie kaum auf Konkurrenz und selten auf Ablehnung stoßen. Viele wären dort gern gesehen.

Häufig sind plötzliche Regenfälle die Ursache für
parteipolitische Misserfolge. →

Ein handgestrickter und wetterfest imprägnierter
Transparentschoner ermöglicht auch bei ungünstiger
Witterung eine wirksame Wahlstrategie.

Der Kandidat einer bürgerlichen Rechtspartei (hier mit Gattin) muss jene Kostbarkeit ausstrahlen, die den Wählern beweist, dass sich der Gang zur Wahlurne lohnt. →

Dagegen sollten sich die Kandidaten der sozialistischen
Oppositionspartei mit der bekannten Spärlichkeit kleiden,
die ihr Parteiprogramm von jeher so verlockend macht.

Fortschrittliche Parteien bedienen sich der Jugend, um gegnerische Wahlversammlungen aufzulockern. Knaben mit mangelhafter Oberschulbildung erwiesen sich als geeignet. →

Vom Einsatz Dreijähriger ist abzuraten, auch wenn sie
politisch organisiert sind.

Deutscher, denk an Deine Zukunft.
Was man hat, das hat man. $\longrightarrow$

Mach keine Experimente und wähle!

Jeder deutsche Staatsbürger wird nach bestem Wissen und
Gewissen (SIEHE BILD) von seinem Wahlrecht ... $\rightarrow$

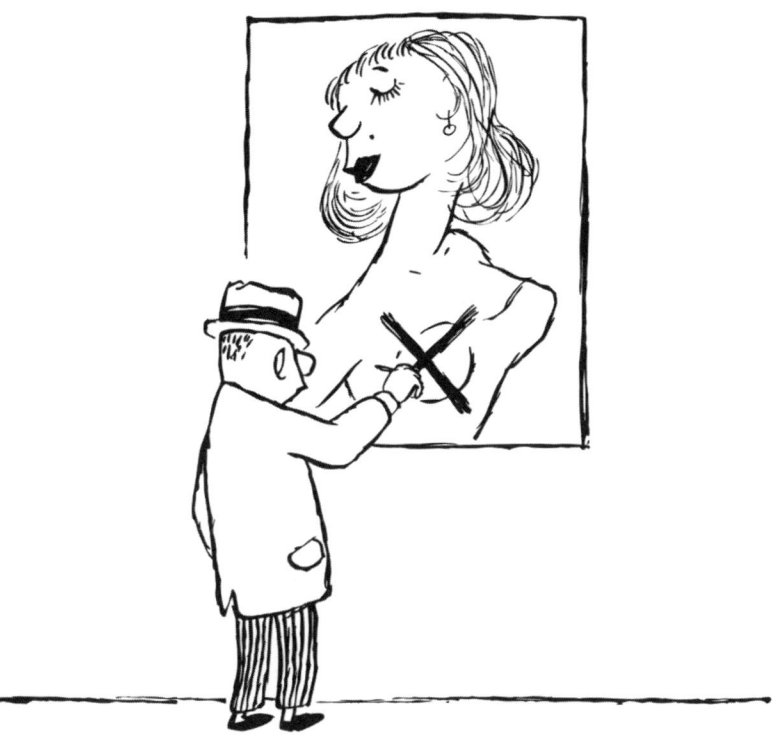

… Gebrauch machen, im Bewusstsein der Verantwortung
für Heim und Herd.

WAHLKAMPF
AUF FAMILIÄRER EBENE

Dieses Kapitel wendet sich ausschließlich an die Wahlkampf-
funktionäre der Parteien. Da in der politischen Betreuung der
Hausgemeinschaften immer noch schwerwiegende Fehler
unterlaufen, wurden vier Grundsätze zusammengestellt, die für
eine erfolgreiche politische Beeinflussung der deutschen Familie
von entscheidender Bedeutung sind.

KINDERLIEBE

… ist die angenehmste Eigenschaft des
politischen Funktionärs. Der sozial-
demokratische Abgeordnete L. (PFEIL)
kann hierin als Vorbild gelten. Er küsste in
einer Viertelstunde alle sechs Kinder eines
westfälischen Ehepaares (LINKS), wobei er
allein für Tochter Helga (RECHTS) vierzehn
Minuten benötigte.

EINFALLSREICHTUM

... gepaart mit Höflichkeit ebnet den Weg in
den Bundestag. Eine Wahlkampfgruppe
der Christlich-Demokratischen Union ver-
schaffte sich in Beatles-Masken mühelos
Eintritt in sechstausend sonst schwer
zugängliche norddeutsche Intellektuellen-
haushalte (A) und erzielte dort einen
eindrucksvollen Überraschungserfolg (B).

GEDULD

… kennzeichnet den Funktionär der
Spitzenklasse. Peter N. (36) opfert während
des Wahlkampfes seine gesamte Freizeit für
die Ziele der Freien Demokratischen Partei.
Unter Vernachlässigung seiner Gesundheit
erläutert dieses hochbegabte Parteimitglied
das Regierungsprogramm der FDP auch
alleinstehenden Wählern notfalls bis in die
frühen Morgenstunden.

FAIRNESS

… im Wahlkampf bleibt vornehmster
Grundsatz unter politischen Widersachern.
Während der gemeinsamen wahl-
propagandistischen Betreuung einer
Kölner Familie durch Funktionäre der
CDU, SPD, FDP kam es trotz starker
weltanschaulicher Abneigung weder zu
gegenseitigen Störungen noch persönlichen
Verunglimpfungen. Merke: *Kämpferhände
verschönern Tisch und Wände.*

BUNDESTAGSREDE

Seit kurzem hat sich die Szene in Bonn verändert. Der zurzeit parteilose Abgeordnete Werner Bornheim hielt eine Rede, die für einen neuen politischen Stil richtungweisend sein könnte. Werner Bornheim gehörte in der Weimarer Republik der Deutschen Volkspartei an, wurde nach dem Krieg Mitglied der LAP, wechselte 1952 aus Gewissensgründen zur CDU und stieß 1957 zur FDP. 1961 legte er jedoch sein Mandat nieder und wurde Landtags-abgeordneter der SPD. 1964 überwarf er sich mit dieser Partei und zog als CSU-Abgeordneter in den Bundestag ein. Danach war er noch je zweimal Abgeordneter der SPD und der CDU, bevor er aus Gewissensgründen vorerst die Parteilosigkeit wählte.

Die Rede, die Werner Bornheim am vergangenen Montag im Bundestag hielt, stellt durch ihre Unbestechlichkeit und ihre politische Linie alles in den Schatten, was man an Äußerungen von Seiten der Regierung gehört hat.

BORNHEIM Meine Damen und Herren. Was kann als Grundsatz parlamentarischer Arbeit betrachtet werden? Politik bedeutet, und davon sollte man ausgehen, das ist doch – ohne darum herumzureden – in Anbetracht der Situation, in der wir uns befinden. Ich kann den Standpunkt meiner politischen Überzeugung in wenige Worte zusammenfassen: erstens das Selbstverständnis unter der Voraussetzung, zweitens, und das ist es, was wir unseren Wählern schuldig sind, drittens, die konzentrierte *Be-in-hal-tung* als Kernstück eines zukunftweisenden Parteiprogramms.

Wer hat denn, und das muss vor diesem hohen Hause einmal unmissverständlich ausgesprochen werden. Die wirtschaftliche Entwicklung hat sich in keiner Weise … Das wird auch von meinen Gegnern nicht bestritten, ohne zu verkennen, dass *in* Brüssel, *in* London die Ansicht herrscht, die Regierung der Bundesrepublik habe da – und, meine Damen und Herren … warum auch nicht?

Aber *wo haben* wir denn letzten Endes, ohne die Lage unnötig zuzuspitzen? *Da*, meine Damen und Herren, liegt doch das Hauptproblem. Bitte denken Sie doch einmal an die *Alters*versorgung. *Wer war* es denn, der seit 15 Jahren, und wir wollen einmal davon absehen, dass niemand behaupten kann, als hätte sich damals – so geht es doch nun wirklich nicht!

Ich habe immer wieder darauf hingewiesen, dass die Fragen des Umweltschutzes, und ich bleibe dabei, wo kämen wir sonst hin, wo bliebe unsere Glaubwürdigkeit? Eins steht doch fest, und darüber gibt es keinen Zweifel. Wer das vergisst, hat den Auftrag des Wählers nicht verstanden. Die Lohn- und Preispolitik geht *von* der Voraussetzung aus, dass die mittelfristige Finanzplanung, und *im* Bereich der Steuerreform ist das schon immer von ausschlaggebender Bedeutung gewesen …

Meine Damen und Herren, wir wollen nicht vergessen, draußen im Lande, und damit möchte ich schließen. Hier und heute stellen sich die Fragen, und ich glaube, Sie stimmen mit mir überein, wenn ich sage … Letzten Endes, wer wollte das bestreiten! Ich danke Ihnen …

DAS WAHLPLAKAT

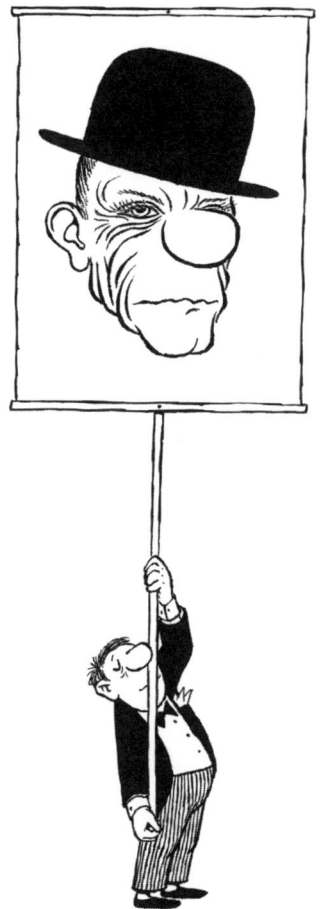

Fotoatelier. Der Fotograf steht hinter der Kamera, neben ihm die Stylistin. Sie reden auf einen Herrn ein, der vor der Kamera auf einem Drehstuhl sitzt.

STYLISTIN Herr Fröbel, bitte machen Sie ein zielbewusstes Gesicht, und denken Sie an »Sicherheit für Deutschland« …

FRÖBEL *(grimassiert)*

FOTOGRAF Nicht grinsen, Herr Fröbel, lassen Sie doch die Mundwinkel fallen …

FRÖBEL *(grimassiert)*

FOTOGRAF *Fal-len-las-sen!* … Nein, nein, nein!!

STYLISTIN Herr Fröbel, ich erkläre es Ihnen noch mal: Wir machen hier ein gemeinsames Wahlplakat für die drei großen Parteien, und *Sie* verkörpern *den* sympathischen, vertrauenerweckenden Politiker. Jeweils mit einem anderen Gesichtsausdruck, entsprechend dem Wahlmotto der SPD, der CDU/CSU und der FDP.

FOTOGRAF Wieso eigentlich immer derselbe Mann?

STYLISTIN Die Parteien wollen gemeinsam die Wahlkosten senken. Außerdem soll keine Partei durch einen besonders gut aussehenden Politiker irgendwelche Vorteile haben.

FOTOGRAF Aber dieser Mann *ist* überhaupt kein Politiker!

STYLISTIN Auf einem Wahlplakat geht es um Krawatte, Brille, Frisur und Ausdruck. Um nichts anderes. Bitte, Herr Fröbel, wir machen jetzt das SPD-Plakat. Denken Sie an »Sicherheit für Deutschland«. Nehmen Sie das Kinn etwas höher, und lassen Sie die Mundwinkel fallen …

FOTOGRAF Mit *der* Unternehmerbrille kriegt Herr Fröbel überhaupt keinen sozialistischen Arbeitnehmer-Ausdruck …

STYLISTIN Die SPD ist ja auch keine Partei für einfache Leute …

FOTOGRAF Aber ansprechen müssen wir sie doch …

STYLISTIN Gut … Also, Herr Fröbel, nehmen Sie die Brille ab, und denken Sie an gar nichts! »Sicherheit für Deutschland!« *(hält SPD-Emblem ins Bild)*

FOTOGRAF Ja! … Ja! *(blitzt)*

STYLISTIN Danke … Herr Fröbel … und jetzt das Wahlplakat für die CDU/CSU …

FOTOGRAF Da kann er doch gleich so bleiben …

STYLISTIN Nein, dann kann er eben *nicht* so bleiben … der Wahlspruch der CDU/CSU lautet »Für Frieden und Freiheit« …

FOTOGRAF Das ist doch alles dasselbe …

STYLISTIN Mein Gott, die SPD ist für *Sicherheit*, also *nicht* für Frieden und Freiheit …

FOTOGRAF Ach so …

STYLISTIN … Und die CDU/CSU ist für Frieden und Freiheit … also *nicht* für Sicherheit … das ist ein völlig anderes Programm!

FOTOGRAF Also dann den Scheitel nach rechts … das Taschentuch raus … und die randlose Brille …

STYLISTIN Herr Fröbel, lächeln Sie … lächeln … nicht so intelligent … ganz unverbindlich … für Frieden und Freiheit … *(hält CDU/CSU-Emblem ins Bild)*

FOTOGRAF Und! … Denken Sie an Ihren Wohnwagen … Ja! … Ja! *(blitzt)* … Danke!

STYLISTIN … Und jetzt die FDP …

FOTOGRAF Was haben die denn für'n … für'n Dingsda … äh …

STYLISTIN »Diesmal geht's ums Ganze …«

FOTOGRAF Um was?

STYLISTIN Ums Ganze!

FOTOGRAF Toll … ganz toll … und um *was* geht es?

STYLISTIN Ums Ganze!

FOTOGRAF Toll!

STYLISTIN Herr Fröbel, sehn Sie mal wild aus … *(verwüstet seine Frisur, öffnet das Hemd)*

FOTOGRAF Wild, Herr Fröbel, nicht doof!

FRÖBEL *(fletscht die Zähne)*

FOTOGRAF *(zur Stylistin)* … Also, es geht nicht um Sicherheit oder Frieden und Freiheit?

STYLISTIN Nein, ums Ganze!

FOTOGRAF Was is'n das?

STYLISTIN Nu drück schon drauf! *(hält FDP-Emblem ins Bild)*

FOTOGRAF *(blitzt)* Tausend Dank, Herr Fröbel …

STYLISTIN … Wir hätten anschließend ganz gern noch ein Werbefoto für einen Markenartikel gemacht, Sie können gleich so sitzen bleiben …

FOTOGRAF … Und worauf kommt's jetzt an?

STYLISTIN *(hält eine Markenwurst ins Bild)* … das ist Wurst …

FOTOGRAF *(blitzt)* Danke!

AUTOFREI

Weite, hügelige Landschaft zwischen Hannover und Kassel. Auf einem Feldweg hastet mit letzter Kraft ein Herr von etwa 50 Jahren. Er trägt einen Koffer in der Hand und einen Mantel über dem Arm. Seine ursprünglich korrekte Kleidung hat stark nachgelassen. Kurz vor einer Wegegabelung erblickt er eine Radfahrerin.

HERR	Halt! … Halten Sie! …
RADFAHRERIN	*(bremst, steigt ab, dreht sich um)*
HERR	Fahren Sie nach Essen? *(erreicht sie atemlos)*
RADFAHRERIN	Nach Essen?
HERR	Ich komme vom Deutschen Katholikentag in Berlin und möchte zum SPD-Parteitag nach Essen …
RADFAHRERIN	*(will weiterfahren)* … Ich fahre nur in die Apotheke …
HERR	*(hält sie fest)* … Da könnten Sie doch über Essen fahren … das sind keine 250 Kilometer … und ich könnte auf Ihrem Gepäckständer …
RADFAHRERIN	Warum fahren Sie denn nicht mit'm Auto?
HERR	Warum fahren Sie denn mit dem *Fahrrad*?
RADFAHRERIN	Weil ich kein Auto *habe* …
HERR	Nein, weil heute autofreier Sonntag ist!
RADFAHRERIN	Wieso?
HERR	Auf Anordnung des Bundesinnenministers, Herrn … äh … Born … nein, wie heißt er … Baum … des Herrn Bundesinnenministers Baum ist heute ein autofreier Sonntag auf freiwilliger Basis …
RADFAHRERIN	Das finde ich prima …

HERR   … Und wir probieren jetzt alternative Möglichkeiten der Fortbewegung aus … unter dem Motto: »Autofrei – Spaß dabei!«

RADFAHRERIN   Auf meinem Fahrrad? … Fahren Sie doch mit der Bahn oder mit dem Bus …

HERR   Wissen Sie, öffentliche Verkehrsmittel sind nicht jedermanns Sache … ich fahre sonst ein Mercedes-Coupé …

RADFAHRERIN   Toll …

HERR   Aber heute möchte ich mit gutem Beispiel vorangehen … Also, geben Sie mir nun dieses Fahrrad oder nicht?

RADFAHRERIN   Nein …

HERR   Ich bitte Sie, heute verlassen neunundsiebzigtausend Katholiken Berlin, sechzigtausend Feuerwehrmänner fahren zum Feuerwehrtag nach Hannover, Tausende von Genossen fahren zum SPD-Parteitag nach Essen, und *Sie* wollen Ihr Fahrrad für *sich* behalten?

RADFAHRERIN   Tausende von Feuerwehrmännern, Katholiken und Sozialdemokraten brauchen ausgerechnet *mein* Fahrrad?!

HERR   *(enerviert)* Nein, es werden Hunderttausende von Fahrrädern gebraucht!

RADFAHRERIN   Aber ich habe doch nur das eine!

HERR   Sie brauchen mir ja auch nur dieses *eine* Fahrrad zu überlassen. Damit beweisen Sie sowohl dem Deutschen Katholikentag als auch dem SPD-Parteitag Ihre Solidarität …

RADFAHRERIN   Aber ich muss in die Apotheke!

HERR	Dann setze ich mich hintendrauf, und wir fahren erst in die Apotheke und dann zum Parteitag nach Essen …
RADFAHRERIN	Warum marschieren Sie denn nicht zum Feuerwehrtag nach Hannover, das sind nur 100 Kilometer …
HERR	Mein Gott, weil ich kein Feuerwehrmann bin, sondern Delegierter des SPD-Parteitages …
RADFAHRERIN	Das ist doch alles dasselbe …
HERR	Na hören Sie mal! In Hannover geht es um Brandbekämpfung, in Essen nicht!
RADFAHRERIN	Ach was! Überall hocken diese Männer auf ihren Kongressen und Parteitagen zu Tausenden zusammen, erzählen sich immer dieselben Geschichten und belasten die Umwelt …
HERR	Bitte?
RADFAHRERIN	… Hopsen *Sie* mal lieber schön umweltfreundlich nach Hause, mähen Sie Ihren Rasen und helfen Mutti beim Abwasch …
HERR	*(mit erhobener Stimme)* Ich fordere Sie hiermit im Namen der Sozialdemokratischen Partei und der katholischen Kirche letztmalig auf, mir zur Ausübung meiner öffentlichen Pflichten im Dienste der Umwelt und der Bundesrepublik Deutschland Ihr Fahrrad zu überlassen …
RADFAHRERIN	Hiiilfee!

FRÜHSTÜCK UND POLITIK

Ein Ehepaar sitzt beim Frühstück.

SIE Wir müssen Blöhmeiers mal wieder zum Essen einladen ...

ER Mhmm ... aber dann müssen *wir* ja wieder zu *Blöhmeiers* ...

SIE Nein, erst müssen wir zu Müller-Lüdenscheidts ...

ER Da waren wir doch gerade ...

SIE Liebling, wir waren bei Koops ...

ER Ach, dann müssen Koops wieder zu uns ...

SIE Wir sehen ja Koops nächste Woche bei Meltzers ...

ER ... Ohne Blöhmeiers?

SIE Die sind an dem Abend bei Müller-Lüdenscheidts ...

ER Warum waren denn Blöhmeiers neulich nicht mit bei Meltzers?

SIE Wieso bei Meltzers?

ER Äh ... bei Koops ... warum waren sie denn nicht mit bei Koops?

SIE Blöhmeiers hatten doch *Meltzers* zum Essen ...

ER ... und wann müssen wir zu Meltzers?

SIE Erst müssen *Blöhmeiers* zu *uns* ...

(Pause)

ER Was sagen eigentlich Meltzers über Blöhmeiers?

SIE Frau Meltzer sagt, Frau Blöhmeier ist eine intrigante Ziege ...

ER ... und Frau Meltzer ist ein altes Klatschmaul ...

SIE Na, und was Herr Koop Herrn Blöhmeier über
Frau Müller-Lüdenscheidt gesagt hat ...!

ER   Ha! – Weißt du eigentlich, was Strauß über Brandt gesagt hat?

SIE   Nee …

ER   Strauß hat gesagt: Brandt ist ein linker Schmierenkomödiant …

SIE   Nein! Das hat er nicht gesagt!

ER   Doch, hat er gesagt! … Und Brandt hat gesagt: Strauß ist ein politischer Umweltzerstörer …

SIE   Denen sollte man doch …

ER   Liebchen, du siehst das falsch … Sieh mal, die Parteiprogramme sind nicht leicht zu unterscheiden, und da sind die Politiker übereingekommen, gegenseitig ihre charakteristischen Merkmale herauszuarbeiten …

SIE   Ah ja, das gibt es ja auch in anderen Berufen: Killer-Emil, Narben-Ede …

ER   … und ein Schmierenkomödiant ist eben doch was ganz anderes als ein Umweltzerstörer … da fällt die Wahl einfach leichter …

SIE   Hoffentlich finden die Politiker füreinander noch viele solcher Bezeichnungen …

ER   Aber ja … Wehner könnte sich schon was ausdenken für die Herren Kiep und Albrecht. Vielleicht: »Die Provinzköter an der Leine« … und die könnten ihn dafür dann »Rote Ratte« nennen …

SIE   Das klingt auch heiter und verletzt nicht …

ER   Ich nehme an, dass man die Parteien als Ganzes auch etwas farbiger herausbringt: »Die grüne Jauchegrube« zum Beispiel … oder »die liberalen Stinktiere« …

SIE   Da kann man sich doch wenigstens was drunter vorstellen …

ER   Und was könnte man für die SPD …

SIE »Gottlose Vaterlandsverräter« …

ER   Gut! … Und die CSU?

SIE »Die schwarze Pest« …

ER   *(Die Marmeladensemmel schnellt ihm aus der Hand. Er beschmiert sich das Gesicht)*

SIE Du isst wie ein Schwein!

ER   Wie bitte?

SIE Wie ein Schwein!

ER   Monika!

GARDEROBE

Sie sitzt vor ihrer Frisiertoilette und dreht sich die Lockenwickler aus dem Haar. Er steht nebenan im Bad und bindet sich seine Smokingschleife.

SIE   Wie findest du mein Kleid?

ER   Welches …

SIE   … das ich anhabe …

ER   Besonders hübsch …

SIE   … oder findest du das Grüne schöner …

ER   Das Grüne?

SIE   Das Halblange mit dem spitzen Ausschnitt …

ER   Nein …

SIE   Was … nein?

ER   Ich finde es nicht schöner als das, was du anhast …

SIE   Du hast gesagt, es stünde mir so gut …

ER   Ja, das steht dir gut …

SIE   Warum findest du es dann nicht schöner?

ER   Ich finde das, was du anhast, sehr schön, und das andere steht dir auch gut …

SIE   Ach! Dies hier steht mir also nicht so gut!?

ER   Doch … auch …

SIE   Dann ziehe ich das lange Blaue mit den Schößchen noch mal über …

ER   Ah-ja …

SIE   … oder gefällt dir das nicht?

ER   Doch …

SIE	Ich denke, es ist dein Lieblingskleid …
ER	Jaja!
SIE	Dann gefällt es dir doch besser als das, was ich anhabe, und das halblange Grüne mit dem spitzen Ausschnitt …
ER	Ich finde, du siehst toll aus in dem, was du anhast!
SIE	Komplimente helfen mir im Moment überhaupt nicht!
ER	Gut … dann zieh das lange Blaue mit den Schößchen an …
SIE	Du findest also gar nicht so toll, was ich anhabe …
ER	Doch, aber es gefällt dir ja scheinbar nicht …
SIE	Es gefällt mir nicht? Es ist das Schönste, was ich habe!!
ER	Dann behalte es doch an!
SIE	Eben hast du gesagt, ich soll das lange Blaue mit den Schößchen anziehen …
ER	Du kannst das lange Blaue mit den Schößchen anziehen oder das Grüne mit dem spitzen Ausschnitt oder das, was du anhast …
SIE	Aaha! Es ist dir also völlig *wurst*, was ich anhabe!
ER	Dann nimm das Grüne, das wunderhübsche Grüne mit dem spitzen Ausschnitt …
SIE	Erst soll ich *das* hier anbehalten … dann soll ich das Blaue anziehen … und jetzt auf einmal das Grüne?!
ER	Liebling, du kannst doch …
SIE	*(unterbricht)* … Ich kann mit dir über Atommüll reden, über Ölkrise, Wahlkampf und Umweltverschmutzung, aber über … *nichts … Wichtiges!!*

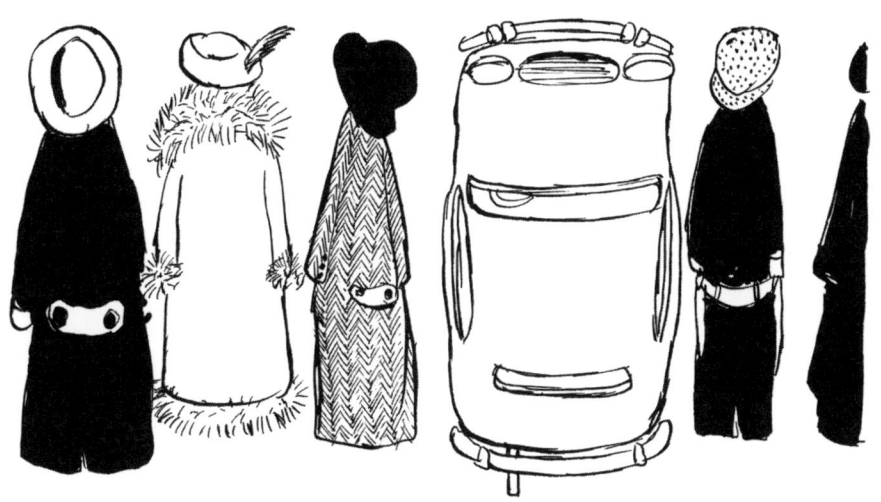

AUFBRUCH

Das Ehepaar sitzt festlich gekleidet im Wohnzimmer. Er liest. Sie lackiert sich die Fingernägel.

ER Liebling, wann müssen wir bei Blöhmeiers zum Essen sein?

SIE Um acht …

ER Wenn wir nicht hetzen wollen, müssen wir jetzt das Haus verlassen …

SIE Ich bin fertig!

ER Dann können wir ja gehen …

SIE Ja … und *bitte versprich* mir, dass du heute Abend nicht wieder über Politik redest …

ER Ich? … Über Politik?

SIE Versprich es mir …

ER Jaja, aber du weißt doch, dass ich jede politische Meinung respektiere …

SIE Und wenn Doktor Blöhmeier wieder davon anfängt und sagt, dass …

ER Von dieser CDU-Flasche *lasse* ich mir nichts sagen …

SIE Unterhalte dich lieber mit dem netten Fräulein Zapf …

ER Nett? … Das ist eine knallrote SPD-Schnepfe … mit Basisarbeit und so … die legt sich doch immer an mit diesen Pfeifen von der FDP und den Grünen und dem anderen Gemüse …

SIE Liebling, eben *weil* du keine politische Meinung *hast*, behalte sie doch lieber für *dich* …

ER Ich … ich habe keine politische Meinung? Liebes Kind, ich bin Gott sei Dank kein Politiker, ich leite eine Waschmittel-Generalvertretung … aber ich habe saubere, klar umrissene politische Ansichten!

SIE   Ja, mein Schatz …

ER   Ich mache dieses Affentheater einfach nicht mehr mit …

SIE   Ja, mein Schatz …

ER   Und das stecke ich heute Abend der sauberen Gesellschaft!

SIE   Ja, mein Schatz …

ER   Also können wir gehen?

SIE   Jaaa …

ER   Und warum kommst du nicht?

SIE   Weil du da noch liest …

ER   Ich lese hier nur, weil du deine Fingernägel lackierst …

SIE   Solange du da noch liest, kann ich mir wohl meine Fingernägel lackieren …

ER   Solange du deine Fingernägel lackierst, kann ich wohl noch lesen …

SIE   Wie spät ist es denn?

ER   Halb acht …

SIE   In einer halben Stunde fängt das Essen an …

ER   Ja …

SIE   Aber du möchtest eben lieber noch lesen …

ER   Ich möchte eben *nicht* lieber noch lesen!

SIE   Du weißt ja auch nicht, was du willst …

(Pause)

SIE   Karl-Heinz!

ER   Ja …

SIE	Ich wollte nur sagen: An *mir* liegt es *nicht!*
ER	Also dann gehen wir, und zwar sofort …
SIE	Möchtest du, dass deine Frau heute Abend einigermaßen hübsch aussieht?
ER	Ja …
SIE	Dann … hetz … mich … nicht!
ER	Mooment! … Ich habe gesagt, dass wir jetzt das Haus verlassen müssen, wenn wir nicht hetzen wollen … und da hast du gesagt, dass du fertig wärst, und da habe ich gefragt, warum wir nicht gehen, und dann hast du gesagt, dass du nur wartest, bis ich aufstehe, und da habe ich gesagt, dass ich so lange sitzen bleibe, bis du fertig bist … ich hetze dich also eben *nicht!*
SIE	Warum bist du denn so gereizt?
ER	Gereizt? Hahaha! Ich bin nur immer wieder überrascht von der Tatsache, dass Frauen den Sinn für einfache, klare Zusammenhänge offensichtlich verloren haben!
SIE	Aha!?
ER	Sie wissen eigentlich nie, worum es geht!
SIE	Jetzt geht es zum Beispiel darum, dass wir pünktlich zum Essen kommen …
ER	Nein, darum geht es eben *nicht!* Es geht um die Frage, warum Frauen am Kern einer Sache grundsätzlich vorbeidiskutieren!
SIE	Männer und Frauen passen einfach nicht zusammen …

POLITIK UND FERNSEHEN

MODERATORIN   Es wird immer wieder behauptet, das Fernsehen beeinflusse durch seine Berichterstattung den Wahlkampf und damit auch das Wahlergebnis. Wir haben heute zwei prominente Funktionäre der beiden großen Parteien zu uns ins Studio gebeten, um über diesen sehr ernsten Vorwurf sachlich zu diskutieren. Herr Graupner gehört zum inneren Führungsstab der SPD ... Herr Müller-Meisenbach ist leitender Wahlkampf-Koordinator der CDU/CSU, und ich als Redakteurin einer Dokumentarabteilung vertrete das Fernsehen.

M.-MEISENBACH   Frau Dr. Plötzmann, ehe Sie mir gleich das Wort abschneiden, ich möchte in aller Deutlichkeit Folgendes feststellen: Erstens wird die CDU/CSU diese Wahl gewinnen, zweitens liegt es mit Sicherheit an der verzerrten Berichterstattung des Fernsehens, wenn wir diese Wahl *nicht* gewinnen, außerdem möchte ich ...

MODERATORIN   *(unterbricht)* ... Niemand wird Ihnen hier das Wort abschneiden, Herr Müller-Meisenbach ...

GRAUPNER   Ich möchte da etwas richtigstellen: Die SPD wird diese Wahl gewinnen, und zwar *trotz* der Unausgewogenheit des Fernsehens ...

M.-MEISENBACH   Ich bitte Sie, Herr Graupner, ich habe die Statistik zufällig bei mir ... *(liest ab)* ... In den letzten 14 Tagen wurden die Politiker der SPD/FDP 41-mal im Fernsehen gezeigt mit insgesamt 502 Sekunden, die CDU/CSU-Politiker dagegen 40-mal mit 484 Sekunden, also 18 Sekunden weniger, das sind fast drei Minuten!

GRAUPNER   Sekunden, Herr Müller-Meisenbach, Sekunden!

M.-MEISENBACH 18! … 18 Sekunden, also drei … na, wir müssen ja nicht kleinlich werden … jedenfalls profitiert die *Regierungskoalition* von dieser skandalösen Unausgewogenheit der Berichterstattung …

GRAUPNER Profitieren? Haha! Frau Dr. Plötzmann, vielleicht können *Sie* mir erklären, warum Sie während des SPD-Parteitages Ihre Kamera 14 Sekunden auf den Genossen Kriegel gerichtet haben, der grade seinen Finger an der Nase hatte.

MODERATORIN *In* der Nase, Herr Graupner, *in* der Nase, und das waren die einzigen 14 Sekunden des SPD-Parteitages, mit denen wir unsere Zuschauer nicht gelangweilt haben.

M.-MEISENBACH Aha! 14 Sekunden für die SPD! Und warum haben Sie in Ihrem Filmbericht über die Europäische Energiekonferenz die Delegierten der CDU/CSU nur *12* Sekunden gezeigt?

MODERATORIN Weil die Herren schliefen, Herr Müller-Meisenbach. Dadurch wirkten sie auf einmal so ungewohnt sympathisch, dass die SPD außer sich geraten wäre, wenn wir die schlummernden CDU-Funktionäre länger als 12 Sekunden gezeigt hätten!

M.-MEISENBACH Natürlich! Kaum wirken CDU/CSU-Politiker mal sympathisch, schon schaltet das Fernsehen ab!

GRAUPNER *(sieht auf die Uhr)* … Frau Dr. Plötzmann, ich möchte Sie darauf hinweisen, dass Herr Müller-Meisenbach in dieser Sendung bisher etwa dreimal so lange im Bild gewesen ist wie ich. Ich bestehe daher darauf, den Kernsatz des sozialdemokratischen Wahlkampfes jetzt ungestört über den Bildschirm verbreiten zu dürfen …

1

2

3

MODERATORIN Aber gern, Herr Graupner, Sie haben 4 Sekunden
Zeit … und … bitte!

GRAUPNER *(in die Kamera)* … Sicherheit für Deutschland! …

M.-MEISENBACH Ich protestiere energisch dagegen, dass hier ein
zwangloses Gespräch parteipolitisch missbraucht wird …

MODERATORIN Herr Müller-Meisenbach, ich kann Ihnen noch 3 Sekunden
für den Wahlspruch der CDU geben … und bitte!

M.-MEISENBACH *(in die Kamera)* Für Frieden und Freiheit! …

MODERATORIN Das war zu lang … Herr Graupner, Sie dürfen Ihr letztes
Wort ganz kurz wiederholen …

GRAUPNER Deutschland?

MODERATORIN Ja, aber viel kürzer … bitte!

GRAUPNER *(in die Kamera)* … Dtschland …

MODERATORIN Das war eine Winzigkeit zu lang …

GRAUPNER *(in die Kamera)* … Dschld! …

MODERATORIN Herr Müller-Meisenbach, Sie haben jetzt noch eine
Drittelsekunde für Frieden und Freiheit … bitte!

M.-MEISENBACH *(in die Kamera)* … Ff …

MODERATORIN *(in die Kamera)* … Und damit wünschen wir Ihnen einen
ausgewogenen guten Abend …

WEITERE BÄNDE IN DIESER REIHE

EIN HUNDELEBEN
MIT LORIOT

DURCHS JAHR
MIT LORIOT

FREIZEIT
MIT LORIOT

REISEN
MIT LORIOT

DURCH DIE WOCHE
MIT LORIOT

KOCHEN & GENIESSEN
MIT LORIOT

SCHÖNER LEBEN
MIT LORIOT

WOHNEN
MIT LORIOT

KINDERFREUDEN
MIT LORIOT

ZURÜCK ZUR NATUR
MIT LORIOT

WEIHNACHTEN
MIT LORIOT